LE SALUT

DE

LA FRANCE.

Viæ Sion lugent.
Les voies de Sion pleurent.
Jerem. Lament., I. 4.

CONSOLAMINI, CONSOLAMINI.

A POITIERS,

Chez FR.-AIMÉ BARBIER, Libraire-Imprimeur
du Roi.

1815.

LE SALUT
DE LA FRANCE.

Comment la France est-elle déchue de sa gloire et de son bonheur ? Comment le premier entre les peuples civilisés est-il devenu le dernier ? Comment la nation la plus éclairée dans les sciences divines et humaines est-elle devenue la plus impie ? Voilà des questions qui s'offrent à tous les esprits ; mais une autre plus importante et plus nécessaire est celle-ci : Quel est le moyen de retirer la France de l'abîme et de la sauver ? La raison, la sagesse humaine peuvent essayer d'y répondre ; la Religion seule peut y satisfaire pleinement. On attribue la cause de nos malheurs à la foiblesse du Gouvernement ancien, aux fureurs politiques, au cours des événemens ; mais ces événemens eux-mêmes ont leur cause plus haut : c'est Dieu qui les a permis, pour confondre l'orgueil et l'indépendance des hommes et les punir par leurs propres écarts. Les Français avoient voulu se soustraire aux autorités établies de Dieu, et faire cesser les rapports de la terre avec le Ciel. Ils sont tombés dans la confusion, le désordre et le désastre le plus complet. Tous les maux ont fondu sur une nation coupable de tous les crimes. Nous avons commencé par inspirer la terreur, nous avons fini par être dignes de pitié. Après avoir subjugué les nations, nous sommes réduits à subir leur loi et à implorer leur générosité ; heureux encore, si nous échappons aux dernières crises et aux maux intérieurs qui nous rongent ! Hommes de la révolution, voilà où vous avez conduit le plus beau royaume ! Pensez-y bien ; la liberté, fille de l'orgueil, a souvent bouleversé les états ; mais lorsqu'elle est jointe à l'impiété, il n'y a pas d'excès dont elle ne soit capable ; elle entasse les forfaits et les calamités sur la tête des peuples, et les souffrances n'ont plus de terme, jusqu'à ce que les hommes, éclairés ou accablés par l'adversité, reviennent de leurs erreurs et rendent hommage à l'Auteur de tout bien. C'est Dieu.... Oui, c'est Dieu seul ; il est temps de le reconnoître, à moins que les incrédules, sourds à tant de leçons, n'attendent, pour se rendre à la vérité, la chute des astres et la dernière catastrophe de l'univers.... C'est Dieu, maître des événemens, qui a abattu la France et qui la relevera. Il a voulu la corriger en l'humiliant aux yeux du monde entier, parce que l'orgueil philosophique et la vanité nationale la dominoient au point de troubler l'harmonie du genre humain. Foibles mortels ! où prétendiezvous aboutir avec des systèmes qui bravoient les lois, le culte et la providence du Créateur? Insensés! vous étiez dans un état d'aggression contre Dieu, ou du moins dans une fausse position avec lui, avec l'ordre moral et avec vous-mêmes. Redressez votre jugement, et désarmez par le repentir le Juge éternel qui auroit droit de vous effacer de la liste des peuples.

Le règne de l'impiété ne sauroit durer long-temps, parce qu'il est opposé à Dieu et à la fin de l'homme, né pour lui être soumis et pour l'a-dorer; l'antechrist même, chef de la grande impiété, ne régnera que très peu d'années. Il est écrit que les jours de perversité seront abrégés à cause des élus, et ceci est vrai dans tous les temps : les torrens qui dévastent ont un cours passager; les fleuves paisibles, qui arrosent et embellissent les campagnes, sont constans : voilà la différence de l'impiété à la Religion. Quand celle-ci reprendra son cours libre et régulier, la France sera sauvée. Cette vérité est plus sûre que tous les raisonnemens politiques : on sera étonné dans quelque temps, et l'esprit humain rougira de l'avoir méconnue.

Mais une nation qui a abjuré ou délaissé la Religion véritable, peut-elle la recouvrer? Un peuple si coupable envers le Ciel et envers la terre peut-il être pardonné? Une race si immorale et si corrompue peut-elle revenir à la vertu? Enfin, le corps social, gangrené dans presque toutes ses parties, peut-il être guéri? Ces prodiges sont humainement impossibles; mais tout est facile à Celui qui a fait le cœur de l'homme, qui a créé et racheté les nations; ce sera l'œuvre souveraine de Dieu et le triomphe éminent de la grâce réservée à ces derniers temps. Cette grâce est toute-puissante; elle cesseroit de l'être, s'il y avoit un homme, une génération, ou un peuple qui ne pût pas être guéri ou sauvé par elle. C'est dans les grands maux et la grande corruption de l'humanité qu'elle se répand plus abondamment : c'est une pluie féconde après une longue sécheresse; elle fait revivre ce qui paroissoit mort ou frappé de stérilité : la source en est intarissable comme l'Océan, puisqu'elle est dans le CŒUR D'UN DIEU. C'est ici que j'ouvre ma pensée en faveur de ceux qui ont la foi toute entière.

Il y a dans la Religion catholique un point de croyance et de piété qui n'est pas familier à tous les chrétiens, qui a même des contradicteurs dans le sein de l'Eglise. C'est la dévotion au SACRÉ CŒUR DE JÉSUS; oui, de JÉSUS, dont le Nom seul porte le salut; de JÉSUS, dont on a voulu détruire la Religion, et contre lequel l'impiété s'est si hautement déchaînée. C'est de ce divin CŒUR, attendri sur nous, que partira le torrent de bonté et de grâce qui doit combler le torrent de malice et d'iniquité. Le temps approche, où ce Cœur sacré recevra le culte public et solennel que lui doivent les hommes, où il sera connu, chéri, révéré, invoqué, et versera des trésors de miséricorde sur la terre. Les villes, les provinces dresseront des autels en son honneur ; c'est là qu'on viendra porter le tribut des expiations, les vœux, les regrets, les hommages de la France. C'est de cette Source adorable que découleront les grâces de rémission, de conversion qui doivent la renouveler, comme le printemps rajeunit la nature. C'est dans cet Asile que les grands pécheurs viendront se réfugier pour trouver le pardon, que les justes viendront se consoler de leurs longues afflictions, que les pasteurs et les hommes apostoliques viendront puiser le feu sacré qui doit embraser les peuples.

Ce Culte n'est pas nouveau ni opposé à l'esprit de la foi ; il la suppose, au contraire, plus vive, plus directe et plus pure. Quiconque adore Jésus-Christ incarné, honore son divin Cœur, comme la portion la plus noble de son Humanité sacrée, comme le principe et le centre de toutes les affections, de toutes les vertus, surtout de l'immense et ardente charité qu'il a eue pour les hommes. La Croix n'est qu'une image, un objet matériel ; cependant les chrétiens la révèrent comme l'instrument de leur Rédemption sanctifié par l'attouchement d'un Dieu. Ici, quelle différence ! le Cœur de Jésus est une réalité, un objet formel, un objet vivant auquel se rattachent tous les sentimens heureux et l'essence même du Christianisme, car la Religion toute entière est dans le Cœur de l'Homme-Dieu, seul capable de former des adorateurs en esprit et en vérité, et d'attirer tout à lui. Il falloit peut-être ce genre de dévotion spirituel et sensible tout à la fois pour réchauffer la vieillesse du monde, pour *rappeler les hommes au Cœur*, dans un siècle où toutes les affections pures et légitimes sont altérées, où l'égoïsme et l'impiété ont fait tant de ravage sur les cœurs, où la charité est non-seulement refroidie, mais, pour ainsi dire, anéantie parmi les vivans.

Cette dévotion n'est pas étrangère parmi nous : une Reine de France et les premiers Pasteurs de nos Eglises l'avoient établie long-temps avant la révolution ; les souverains Pontifes l'avoient approuvée ; une Société célèbre l'avoit propagée, et des villes nombreuses l'avoient embrassée dans les différentes parties du monde chrétien. Elle avoit déjà produit des fruits merveilleux, malgré les efforts d'une secte cachée qui minoit sourdement la Piété sous les apparences du zèle et de la vertu. C'est peut-être pour avoir combattu cette dévotion ou ne l'avoir pas assez soutenue, que l'irréli-

gion a fait tant de progrès. C'est du moins en at-
taquant et parvenant à détruire la *Société de
Jésus*, si dévouée à l'agrandissement de son culte,
que les ennemis de la foi ont fini par renverser les
Temples et les Autels. Il faut pleurer sur ces ruines; mais on peut croire que la dévotion du SA-
CRÉ CŒUR est réservée aux grands jours de l'apos-
tasie, pour opposer à l'incrédulité une ressource
puissante et souveraine dans le cœur même de la
Religion identifiée avec JÉSUS-CHRIST, et pour
rendre son triomphe plus éclatant. C'est ainsi que
de siècle en siècle la Providence, qui veille sur
l'Eglise, a suscité quelque moyen efficace de sou-
tenir la Foi et de réparer ses pertes. L'humanité
souffre, l'Eglise pleure, les âmes périssent de toutes
parts. Il nous faut un Principe de Vie qui ranime
tout et qui ait la vertu de fermer les plaies im-
menses faites à la société religieuse. Où le trou-
verons-nous, si ce n'est dans le CŒUR DE JÉSUS,
qui est tout amour et toute-puissance? C'est lui
qui fera cet office, en réconciliant la France avec
le Ciel, les impies avec l'Eglise, et les cœurs
avec les cœurs. Il me semble voir la France, ren-
due à Jésus-Christ, offrir encore aux autres nations, après d'énormes scandales, un spectacle
de piété qui ravira leur admiration, et lui fera
recouvrer la gloire qu'elle a perdue, car la France
est unique dans ses destinées. Heureuse la géné-

ration qui verra prospérer la *Dévotion sacrée* et les prodiges de salut qui doivent l'accompagner! Heureux le Prince qui la protégera de tout son pouvoir! Ames fidéles, qui l'avez toujours pratiquée, consolez-vous dans cette pensée, et faites des vœux ardens pour accélérer son triomphe.

Il n'appartient pas à un simple particulier d'assigner l'époque et les moyens de succès d'une œuvre si désirée; mais il est permis à un ami de la Réligion de proposer à ceux qui s'intéressent au bien public quelque vue spéciale sur cet objet.

Il seroit donc à désirer qu'à la faveur du Gouvernement qui veut faire réfleurir la Religion de nos pères, la ville de Poitiers demandât à fonder incessamment dans l'Eglise cathédrale (*), comme la première du Diocèse, une chapelle spécialement dédiée au SACRÉ CŒUR DE JÉSUS (par exemple la chapelle dite *des Evéques*, comme étant la plus grande et la plus libre de ce bel édifice), et qu'on fît VŒU d'y célébrer tous les ans un service pieux et solennel en réparation des outrages qu'a soufferts le CŒUR DU SAINT des Saints pendant les années qu'ont duré les impiétés de la France, en actions de grâces des bienfaits que ce divin CŒUR lui a obtenus, par-

---

(*) La conduite qu'ont tenue les Supérieurs ecclésiastiques, le Chapitre et le Clergé de Poitiers, est un garant que la demande sera favorablement accueillie.

ticulièrement du retour deux fois miraculeux de nos Princes, et enfin comme un moyen précieux de ranimer la foi et la dévotion publique dans un pays autrefois célèbre dans les fastes chrétiens.

Je ne doute pas que cette démarche, honorable pour cette ville, n'attirât sur elle et sur ses habitans de grandes bénédictions et qu'elle n'eût bientôt des imitateurs.

Un motif digne d'intéresser ici les Français religieux, c'est la piété de LOUIS XVI, qui avoit appris dans le CŒUR DE JÉSUS à mourir victime de l'amour pour son peuple. Des relations respectables nous ont appris qu'on avoit trouvé dans les mémoires écrits de sa main, au fond de sa prison, le projet d'un Vœu par lequel il se mettoit, lui et son royaume, sous la protection du SACRÉ CŒUR, témoignant par là sa vive confiance et le désir qu'il avoit de voir cette dévotion établie dans toute la France.

Le Dauphin, père de ce *Roi-Martyr*, et la vertueuse Princesse qui lui avoit donné le jour, eurent ces mêmes sentimens et les professoient à l'ombre du trône.

De pieuses associations s'étoient formées dans plusieurs pays; et dans le temps même de la grande persécution, elles faisoient fleurir la piété, consoloient l'infortune et soutenoient l'espérance.

Cette dévotion devenant publique et générale

parmi nous, que de vertus vont éclore, que de grâces vont rejaillir, que de conversions vont s'opérer dans notre patrie ! Ô France, vous serez donc sauvée ! Mais qui sait si Dieu ne frappera pas encore les pécheurs pour les convertir ? Il est donc important de nous dévouer sans retard au SACRÉ CŒUR de Celui qui détourne les châtimens et qui fait triompher la clémence.

La ville de Marseille fut délivrée de la peste, il y a à peu près cent ans, par un vœu semblable. C'étoit la peste corporelle qui ravageoit cette cité. *La révolution a été la peste des esprits et des cœurs :* ses ravages ont porté le deuil dans toute l'Europe. La France, d'où le mal est parti, en sera la dernière victime ; elle aura encore des douleurs à souffrir. Le moyen de les détourner, de les abréger, c'est de nous réfugier dans le CŒUR DE JÉSUS en corps de cité, en attendant de le faire en corps de nation : seroit-ce là que Dieu nous attend ?

L'esprit de révélation et de prophétie n'est pas tout-à-fait perdu. Des personnes pleines de foi et recommandables aux yeux de la Religion ont entrevu, par l'esprit de Dieu, des choses merveilleuses qu'il n'est pas temps de manifester, mais qui annoncent une révolution réparatrice plus étonnante que celle qui a tout renversé. Les soupirs des élus seront exaucés, et, pour signa-

ler ou pour confondre le projet anti-chrétien,
la foi en Jésus-Christ, la dévotion à son
grand Cœur y brilleront d'un éclat nouveau....
Dieu avoit livré Job à Satan, en lui ordon-
nant d'épargner sa vie. Il fut accablé de maux
et d'ulcères. Couché sur le fumier, ses amis in-
sultoient à ses douleurs et contrarioient sa foi.
Cependant Dieu le *releva*, et ses prospérités
nouvelles furent plus grandes que les anciennes.

Ces considérations sont faites pour des Chrétiens capables d'entendre ce langage, car beaucoup de gens ou ne l'entendent plus, ou ne l'ont
jamais entendu ; cependant, si cet écrit tomboit
par hasard entre les mains de quelques personnes du monde incrédules ou qui croient peu,
je les prie de ne pas le dédaigner ; il y va d'un
intérêt assez grand, puisqu'il s'agit d'un traité de
paix et de réconciliation, non pas avec les souverains de la terre, qui commandent souvent des
sacrifices pénibles, mais avec le Roi du Ciel et le
Dieu du Salut, qui ne demande que le retour
de notre cœur vers le sien. Cette doctrine vaut
bien celle qui nous apprend à douter de tout et à
mépriser les pieux objets de la Religion. Il y a
souvent beaucoup de grandeur et de profondeur
dans ce qui paroît petit aux philosophes. Il y a
certainement plus de sagesse et de vrai amour de
l'humanité dans la dévotion à Jésus-Christ ;

elle a formé plus d'hommes vertueux que tous les systèmes des incrédules, depuis qu'ils s'exercent à instruire, à réformer ou gouverner les nations. Je plains ceux qui n'ont pas la foi; je prie le *Cœur adorable et riche en bonté* de les toucher, de les éclairer, et, à force de grâces, de leur faire sentir le bienfait de la Religion, sans laquelle ils s'égareront toujours dans de fausses routes. Ô vous tous! pour qui le flambeau céleste n'est pas éteint, qui aimez sincèrement votre Religion et votre patrie, suivez les inspirations de la piété vers ce DIVIN CŒUR, tout saignant des plaies que nous lui avons faites et tout brûlant de l'amour qu'il nous porte encore. Vous y apprendrez combien notre Dieu est grand, patient et généreux, et vous n'implorerez pas en vain le pardon des péchés publics et le retour des miséricordes sur notre France.

Habitans de Poitiers, c'est à vous que cet écrit s'adresse. Vos pères furent religieux; vous marchez, comme tous les Français, sur les ruines des pieux et nombreux établissemens qu'ils avoient fondés. Considérez votre position morale; comparez la loyauté, l'honneur et la franchise de vos aïeux avec la génération actuelle. S'il reste dans vos veines quelque goutte de sang chrétien, sortez de l'indifférence où vous êtes plongés; transmettez à vos descendans, non pas les monumens et les souve-

nirs des fureurs impies qu'il faudroit effacer de nos -
pleurs, mais quelque acte solennel de vertu, digne
de fermer la révolution et de réparer les scandales
qu'elle a produits. Que d'ombres terribles dans le
tableau des vingt-cinq années déjà révolues! Tout
y fut obscur ou sanglant, parce que la Religion
en fut bannie. Il est temps de recouvrir d'un
voile sacré les horreurs de notre patrie et d'ap-
pliquer un baume céleste sur ses plaies ; le baume
de la terre ne sauroit suffire pour les guérir.

Le Roi veut tout ce qui peut sauver la France ;
ce sont ses paroles : il veut donc essentiellement
la Religion, qui est le moyen principal et sou-
verain. Les Représentans qui l'entourent ont
manifesté la même pensée. Quiconque ne la voudroit pas seroit ennemi de son Dieu, ennemi de
son Roi et le fléau de sa patrie, dont il voudroit
prolonger les désordres.

Habitans de Poitiers! au milieu des souffrances
publiques vous avez été épargnés; votre ville a
moins souffert que les autres pays : soyez recon-
noissans de cette faveur, et montrez-vous dignes
d'en obtenir de nouvelles. Le Ciel appelle les
Français par la grande intercession du Cœur de
Jésus; ne soyez pas les derniers à lui rendre
hommage; empressez — vous d'acquitter le *Vœu*
salutaire et facile qui vous est proposé, et qu'on
dise bientôt dans les contrées voisines : L'année

des douleurs, l'année des prodiges, la révolution étant finie, la paix rétablie, le Roi sur son
trône, la capitale du Poitou a signalé son zèle
par un acte de piété et de reconnoissance publique.

En continuant cet écrit, inspiré par un zèle
sans amertume, qu'il me soit permis d'interpel-
ler ceux qui se sont faits les ennemis de la Religion et du gouvernement de nos Rois. Je leur
demanderai d'abord si leur conscience est tran-
quille : c'est un terrible adversaire avec lequel
il importe de s'accorder. Seroient-ils parvenus à
l'étouffer ? C'est pis encore ; car c'est l'absence
de toute moralité et de toute espérance dans l'a-
venir. Or, la vie est si courte et si traversée,
qu'on est bien à plaindre quand on n'a pas d'autre
soutien ni d'autre perspective pour être heureux.
Trouveroient-ils fâcheuse la morale évangélique ?
Mais il me semble qu'ils auroient tort de s'en
plaindre : c'est à ceux qui se sont donnés des torts
plus ou moins graves dans la malheureuse révolution et ses derniers résultats, que la Religion catholique devroit être plus chère, elle qui calme
tout, qui enseigne à tout pardonner, et qui a des
moyens si puissans pour réunir dans la charité
ou le repentir les innocens avec les coupables.

Ôtez la Religion, il y a des hommes qui devroient s'exiler pour toujours de la société, et qui ne pourroient réparer le mal qu'ils ont fait ni trouver leur grâce. Seroit-ce la crainte ou la haine de la Religion qui leur feroit repousser la Famille auguste qui nous gouverne et regretter celui dont l'ambition et la politique étoient d'accord avec les impies? Mais nos Princes légitimes, pour être bons et chrétiens, sont-ils moins dignes de gouverner? Leur religion, au contraire, n'est-elle pas la plus sûre garantie de leur clémence et du bonheur qu'ils désirent procurer à tous les Français? Depuis qu'il y a des nations et des gouvernemens sur la terre, a-t-on jamais vu de Monarque, ayant tant d'outrages à venger, tant de criminels à punir, opposer à ses ennemis tant de bonté, tant de modération, tant de persévérance à pardonner? En a-t-on jamais vu qui ait montré tant de zèle, de dévouement, et qui ait fait, lui et sa famille, tant de sacrifices pour atteindre l'unique but de son cœur, le soulagement de son peuple? Si l'on n'est pas touché de ces considérations, il faut convenir que la philosophie et l'incrédulité ont produit une terrible extinction de sentimens dans le cœur des hommes.

Quelle pensée ou quelle espérance pourroient avoir désormais ceux qui s'obstinent à méconnoître la Religion et le Roi qui la professe?

Voudroient-ils recommencer, éterniser lés révolutions, si fatales aux générations qui les souffrent? Mais le grand procès est jugé et la cause est finie. Les mécontens peuvent s'agiter, ils ne se releveront point. La Providence a mis le sceau aux événemens. Pour juger de nos destinées futures, il faut rapprocher les époques et voir le tableau tout entier.

En 1789, l'assemblée dite *constituante* fut provoquée pour renverser le trône et l'autel, car c'étoit alors le projet des impies. Ils proclamèrent la *liberté*, principe de révolte et de confusion, qui donna cours à tous les excès et à d'interminables souffrances.

En 1815, le Roi miraculeux, car c'est ainsi qu'on peut le nommer au sein des prodiges, convoque les représentans de la nation, instruits avec lui par l'expérience et l'adversité, pour l'aider à réparer les maux de la France. Ils proclament la Religion comme appui nécessaire, comme base de tout ordre moral. Ils prennent dans ce moment une contenance ferme, sage, et n'ont qu'une même action pour le bien public. Quelle différence de temps, d'hommes, de projets, de situation ! Les anciennes assemblées ne furent occupées qu'à déclamer, à détruire, à tout confondre. Celle de nos jours est appelée à méditer, à restaurer. Le passé, le présent, surtout la der

nière crise, courte, mais terrible, leur fournis-
sent un vaste sujet. L'instruction est complète;
tout annonce qu'ils sauront la mettre à profit.

D'un autre côté, voyez le Marteau qui brisoit
les nations, brisé à son tour, et disparoissant
comme en un clin d'œil, parce que sa mission
est achevée et le Ciel vengé. Voyez les puissances
de l'Europe, accourant des extrémités et réunies
comme un seul homme, dissipant la rebellion,
relevant, affermissant le trône de nos Rois, et
prenant des précautions puissantes pour prévenir
de nouveaux attentats à la sûreté publique. N'est-
ce pas ici l'œuvre du Tout-Puissant et le signe
d'une Providence qui veut sauver après de longs
châtimens? Mais il falloit tout ce qui est arrivé
pour nous conduire à une solide restauration;
il falloit passer par l'anarchie, par la république,
par l'empire usurpé, pour revenir à la vraie mo-
narchie; il falloit passer par le crime et l'impiété
pour revenir à la Religion et à la vertu; il falloit passer par une guerre sanglante et prolon-
gée, j'ose dire même par la dernière révolte,
pour arriver à la paix des nations et mettre tout
au grand jour.

Que reste-t-il à faire? Ce n'est pas de raison-
ner sur les affaires d'état; on a vu jusqu'ici combien les conjectures humaines ont été fausses;
mais de soumettre sa raison à l'ordre de choses

voulu par la Providence; de ne pas aggraver nos maux par d'inutiles plaintes, et puisqu'elle veut nous sauver, de ne pas rendre, par notre faute, les conditions du salut plus douloureuses ou plus tardives.

On s'étonne, on s'afflige des-conditions imposées à la France par les derniers traités. Sans doute elles sont dures, et tout bon Français doit en gémir, en considérant les causes qui nous ont conduit à un état si fâcheux; c'est le dernier produit de la rebellion. Mais la France avoit besoin d'expier ses conquêtes et son orgueil. Mettons-nous à la place des étrangers, qui furent si magnanimes l'année dernière; pouvions-nous espérer que les souverains et les peuples, si long-temps victimes de nos fureurs, céderoient tous leurs avantages et supporteroient une seconde fois, sans garantie et sans indemnité, les charges d'une guerre si désastreuse? Oseroit-on accuser le *bon Roi,* dans un traité si pénible à son cœur et si impérieusement commandé par les circonstances? N'est-ce pas plutôt à lui-même, à son zèle, à ses nobles efforts, à la haute confiance qu'inspirent à toute l'Europe ses droits au trône et ses qualités personnelles, que nous devons notre conservation et l'existence à peu près entière de l'ancienne France?

Du reste, de ce mal passager il peut résulter

un bien politique et moral. Les Français, plus dépendans des puissances victorieuses, sentiront mieux la nécessité de se rallier entre eux, et de faire cesser toutes les dissensions qui nous affoibliroient davantage et augmenteroient les forces des alliés sur nous ou contre nous. D'un autre côté, cette humiliation, provoquée par nos écarts, nous rendra plus sages, et nous disposera à entendre désormais la voix du Ciel et de la morale. Puissions-nous profiter de leçons payées à si grand prix!

La philosophie, qui rétrécit l'esprit humain (reproche calomnieux qu'elle a fait à la Religion), est trop loin de la Providence et trop resserrée dans le cercle de ses idées profanes, pour s'élever aux considérations religieuses que je viens de tracer. Il faut attendre que la Foi, répandant ses lumières, lui découvre la sagesse de Dieu, faisant servir les passions, les erreurs et les crimes des hommes à l'exécution de ses desseins. Ainsi, lorsque le SAUVEUR DU MONDE parloit aux disciples de sa passion, son discours ne fut pas compris. Ainsi lorsqu'aux premiers jours de la révolution les hommes sages annonçoient aux Français qu'en ébranlant les principes sacrés de la Religion et du Trône, on ouvroit un abîme de calamités, ces avis furent méconnus ou repoussés par la multitude; la plupart des hommes, et surtout les incrédules, aveuglés par le prestige, ne voient les événemens que dans les causes secondes et ne remontent pas à *Celui qui tient la chaîne de tout*, qui fait mouvoir les nations comme les flots de la mer et qui met un terme aux agitations de la terre, après avoir donné aux mortels de souveraines leçons. Les incrédules ne pensent pas que les prières des justes agissent puissamment sur le *Cœur de Dieu*, abrègent les fléaux et rouvrent le cours des grâces en faveur de l'humanité. Que pourroient-ils voir sur le sort futur, n'ayant pas le flambeau de la Révélation? Le Chrétien, éclairé par la Foi, aperçoit trois choses, ou trois conjectures dans l'avenir : la renaissance du Christianisme et des mœurs, ou l'Europe retombant dans la barbarie dont la Religion l'avoit retirée, ou le monde approchant de sa fin. La première conjecture est la plus croyable, parce que l'adversité conduit à la réflexion et *la réflexion ramène les hommes à Dieu*. Toutefois, je ne suis ni docteur, ni prophète; je ne fais que présenter mes idées, mes vœux et mes espérances. Si j'ai touché quelques considérations politiques, c'est parce qu'elles ont, dans l'état où nous sommes, un point essentiel de contact avec la morale.

Je reviens à mon sujet. Le moment est venu

de nous tourner vers le Ciel après vingt-cinq ans d'aberrations et d'impiétés; de nous jeter dans les bras ou plutôt dans le Cœur du divin Réparateur de nos maux; d'y chercher le pardon général et, pour ainsi dire, une nouvelle Rédemption qui nous purifie et qui consomme notre salut. J'invoque la Foi du Sauveur sur mes contemporains et sur la postérité, en conjurant tous les gens de bien de préparer les voies à l'heureuse restauration dont le cours des événemens nous offre la perspective. La haine de JÉSUS-CHRIST a tout perdu; le retour à JÉSUS-CHRIST sauvera tout. L'anathème pèse encore sur nos têtes; le CŒUR DE JÉSUS *seul* peut enfin le lever.

Je voudrois avoir sept bouches ou sept trompettes, comme l'ange de l'apocalypse, pour publier ces vérités aux quatre coins de la France.

Sperate in Eo omnis congregatio populi, effundite coram illo corda vestra. — Accedet homo ad COR ALTUM : et exaltabitur Deus. (Ps. 61 et 63.)

FIN.